编辑委员会

顾　　问：张立文
委　　员：（按姓氏笔画排列）
　　　　　王心竹　方国根　罗安宪　林美茂　段海宝
　　　　　黄　锋　彭永捷　滕小丽
主　　编：罗安宪

出版策划：方国根
编辑主持：方国根　段海宝
责任编辑：段海宝
封面设计：石笑梦
版式设计：顾杰珍

中华传统经典诵读文本

"中华传统经典诵读等级考试"指定用书

庄子选

罗安宪 主编

人民出版社

前　言

　　传统，是从历史上流传下来的、在历史上产生过重要影响、现今仍然存在并发生影响的文化信念、文化观念、心理态度及行为方式。经典是经过长期历史选择，而对本民族的文化传统产生重大影响，并最大限度地承载着本民族传统的文化典籍。经典之"经"有经久、恒常、根本的含义；经典之"典"有典章、典范、典雅的含义。传统经典既是在历史上长期流传、经久不衰的经典，又是承载、亘续传统的经典，是最有代表性、最为完美、最为精粹的经典。传统的直接载体是经典，经典保存了最优秀的中华传统文化。弘扬中华传统文化，最为简捷的途径是熟读经典。

　　中华文化源远流长，博大精深，中华民族在漫长的发展历程中，创造了无数璀璨的文化经典。经典之为经典，不是因为它是历史上产生的、是在历史上发生重要影响的文化典籍，而是因为它在历史的长河中一直持续发生影响，是因为它持续不断地影响着历史的发展，是因为它持续不断地塑造着民族精神，是因为它才是民族灵魂中永不磨灭的因子，是因为它才是传统得以传承最为重要的载体。

我们提倡诵读经典。诵读经典，是要大声地"读"，而不是无声地"看"。古人强调读书，不是看书。在读书过程中，眼睛、嘴巴、耳朵、心灵，全部投入其中，是全身心地投入，是与古代先贤精神上的沟通与交流。在读书中，与经典为伴，与圣贤为伴，仔细体会字里行间的深刻意涵。读经典不是简单地读一遍、两遍，而是要反复地读、大声地读。诵读经典，不仅可以增长智慧，开拓视野，还可以涵养气质，陶冶情操。特别是在身体与思想的养成阶段，通过诵读经典、熟悉经典，对于人格的养成，具有重要的、无可限量的意义。

为推动中华传统经典诵读活动的进一步发展，由中国人民大学孔子研究院发起，在全球范围内开展"中华传统

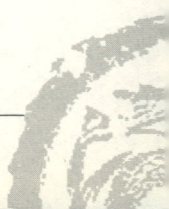

经典诵读活动"。为配合此项活动，我们编选了"中华传统经典诵读文本"。

"中华传统经典诵读文本"，共13册，分别是：《周易》、《论语》、《老子》、《大学　中庸》、《孟子选》、《庄子选》、《春秋左传选》、《诗经选》、《汉代文选》、《唐代文选》、《宋代文选》、《唐诗选》、《宋词选》。所选文本为中国传统经典中最为重要、最有影响、最为优美的篇章。

文本的主要功能是诵读，故对文字不作解释，只对生僻字和易混字作注音。

罗　安　宪
2023 年 3 月

目录

- 一 前言
- 一 逍遥游
- 一三 齐物论
- 三三 养生主
- 三七 人间世
- 五六 德充符
- 六九 大宗师
- 九〇 应帝王

逍遥游

北冥有鱼，其名为鲲（kūn）。鲲之大，不知其几千里也。化而为鸟，其名为鹏。鹏之背，不知其几千里也。怒而飞，其翼若垂天之云。是鸟也，海运则将徙于南冥。南冥者，天池也。

《齐谐》者，志怪者也。《谐》之言曰："鹏之徙于南冥也，水击三千里，抟（tuán）扶摇而上者九万里，去以六月息者也。"野马也，尘埃也，生物之以息相吹也。天之苍苍，其正色邪？其远而无所至极邪？其视下也，亦若是则已矣。

且夫水之积也不厚，则其负大舟也无力。覆杯水于坳（ào）堂之上，则芥（jiè）为之舟，置杯焉则胶，水浅而舟大也。风之积也不厚，则其负大翼也无力。故九万里，则风斯在下矣，而后乃今培风；背负青天而莫之夭阏（è）者，而后乃今将图南。

蜩（tiáo）与学鸠笑之曰："我决起而飞，抢（qiāng）榆枋（fāng）而止，时则不至，而控于地而已矣，奚以之九万里而南为？"适莽苍者，三飡（cān）而反，腹犹果然；适百里者，宿舂（chōng）粮；适千里者，三月聚粮。之二虫又何知！

小知（zhì）不及大知，小年不及大年。奚以知其然也？朝（zhāo）菌不知晦朔（huì shuò），蟪（huì）蛄（gū）不知春秋，此小年也。楚之南有冥灵者，以五百岁为春，五百岁为秋；上古有大椿（chūn）者，以八千岁为春，八千岁为秋，此大年也。而彭祖乃今以久特闻，众人匹之，不亦悲乎！

汤之问棘也是已。穷发（fà）之北，有冥海者，天池也。有鱼焉，其广数千里，未有知其修者，其名为鲲。有鸟焉，其名为鹏，背若太山，翼若垂天之云，抟扶摇羊角而上者九万里，绝云气，负青天，然后图南，且适南冥也。

斥鷃（yàn）笑之曰："彼且奚适也？我腾跃而上，不过数仞而下，翱翔蓬蒿（hāo）之间，此亦飞之至也，而彼且奚适也？"此小大之辩也。

故夫知（zhì）效一官，行比一乡，德合一君，而征一国者，其自视也，亦若此矣。而宋荣子犹然笑之。且举世而誉之而不加劝，举世而非之而不加沮，

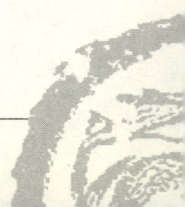

定乎内外之分，辩乎荣辱之境，斯已矣。彼其于世，未数数（shuò）然也。虽然，犹有未树也。

夫列子御风而行，泠（líng）然善也，旬有（yòu）五日而后反。彼于致福者，未数数然也。此虽免乎行，犹有所待者也。

若夫乘天地之正，而御六气之辩，以游无穷者，彼且恶（wū）乎待哉！故曰：至人无己，神人无功，圣人无名。

尧让天下于许由，曰："日月出矣，

而爝（jué）火不息，其于光也，不亦难乎！时雨降矣，而犹浸（jìn）灌，其于泽也，不亦劳乎！夫子立而天下治，而我犹尸之，吾自视缺然。请致天下。"许由曰："子治天下，天下既已治也，而我犹代子，吾将为名乎？名者，实之宾也，吾将为宾乎？鹪鹩（jiāo liáo）巢于深林，不过一枝；偃鼠饮河，不过满腹。归休乎君，予无所用天下为！庖人虽不治庖，尸祝不越樽俎（zūn zǔ）而代之矣。"

　　肩吾问于连叔曰："吾闻言于接舆，

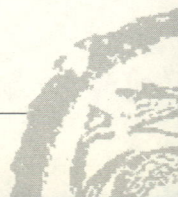

大而无当，往而不返。吾惊怖其言，犹河汉而无极也，大有径庭，不近人情焉。"连叔曰："其言谓何哉？""曰：'藐姑射（yè）之山，有神人居焉。肌肤若冰雪，绰约若处子；不食五谷，吸风饮露；乘云气，御飞龙，而游乎四海之外；其神凝，使物不疵疠（cī lì）而年谷熟。'吾以是狂而不信也。"连叔曰："然，瞽（gǔ）者无以与乎文章之观，聋者无以与乎钟鼓之声。岂唯形骸有聋盲哉？夫知（zhì）亦有之。是其言也，犹时女（rǔ）也。之人也，之德也，将旁礴(bó)万物以为一，世蕲(qí)乎乱，孰弊弊焉以天下为事！之人也，物莫之伤，大浸稽天而不溺，大旱金石流、土山焦而不热。是其尘垢粃糠(bǐ kāng)，将犹陶铸尧舜者也，孰肯以物为事！宋人资章甫而适诸越，越人断发文身，无所用之。尧治天下之民，平海内之政。往见四子藐姑射之山，汾(fén)水之阳，杳(yǎo)然丧其天下焉。"

惠子谓庄子曰："魏王贻我大瓠(hù)之种，我树之成而实五石。以

盛水浆，其坚不能自举也。剖（pōu）之以为瓢，则瓠落无所容。非不呺（xiāo）然大也，吾为其无用而掊（pǒu）之。"庄子曰："夫子固拙于用大矣。宋人有善为不龟（jūn）手之药者，世世以洴澼（píng pì）絖（kuàng）为事。客闻之，请买其方百金。聚族而谋之曰：'我世世为洴澼絖，不过数金。今一朝而鬻（yù）技百金，请与之。'客得之，以说（shuì）吴王。越有难，吴王使之将。冬，与越人水战，大败越人，裂地而封之。能不龟手一也，或以封,或不免于洴澼絖,则所用之异也。今子有五石之瓠,何不虑以为大樽(zūn)而浮乎江湖,而忧其瓠落无所容?则夫子犹有蓬之心也夫!"

惠子谓庄子曰:"吾有大树,人谓之樗(chū)。其大本拥肿而不中绳墨,其小枝卷(quán)曲而不中规矩。立之涂,匠者不顾。今子之言,大而无用,众所同去也。"庄子曰:"子独不见狸狌(shēng)乎?卑身而伏,以候敖者;东西跳梁,不避高下;中(zhòng)于机辟(bì),死于罔罟(wǎng gǔ)。

今夫斄（lí）牛，其大若垂天之云。此能为大矣，而不能执鼠。今子有大树，患其无用，何不树之于无何有之乡，广莫之野，彷徨（páng huáng）乎无为其侧，逍遥乎寝卧其下。不夭斤斧，物无害者，无所可用，安所困苦哉！"

齐 物 论

南郭子綦（qí）隐（yìn）机而坐，仰天而嘘，荅（dá）焉似丧其耦（ǒu）。颜成子游立侍乎前，曰："何居乎？形固可使如槁木，而心固可使如死灰乎？今之隐机者，非昔之隐机者也？"子綦曰："偃（yǎn），不亦善乎，而问之也！今者吾丧我，汝知之乎？女（rǔ）闻人籁而未闻地籁，女闻地籁而未闻天籁夫！"

子游曰："敢问其方。"子綦曰："夫大块噫气，其名为风。是唯无作，作则万窍怒呺（háo）。而独不闻之翏翏（liù）乎？山林之畏佳（cuī），大木百

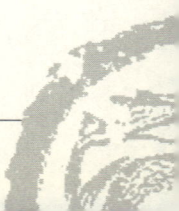

围之窍穴，似鼻，似口，似耳，似枅（jī），似圈（juàn），似臼（jiù），似洼者，似污者。激者，謞（hè）者，叱者，吸者，叫者，譹（xiào）者，宎（yǎo）者，咬者，前者唱于而随者唱喁（yóng），泠（líng）风则小和，飘风则大和，厉风济则众窍为虚。而独不见之调调（tiáo）之刁刁乎？"

子游曰："地籁则众窍是已，人籁则比竹是已，敢问天籁。"子綦曰："夫吹万不同，而使其自己也。咸其自取，怒者其谁邪？"

大知(zhì)闲闲，小知间间(jiàn)；大言炎炎，小言詹詹(zhān)。其寐也魂交，其觉也形开。与接为构，日以心斗。缦(màn)者，窖者，密者。小恐惴惴，大恐缦缦。其发若机栝(kuò)，其司(sì)是非之谓也；其留如诅盟，其守胜之谓也；其杀(shài)如秋冬，以言其日消也；其溺之所为之，不可使复之也；其厌(yā)也如缄(jiān)，以言其老洫(xù)也；近死之心，莫使复阳也。喜怒哀乐，虑叹变慹(zhé)，姚佚启态——乐出虚，蒸成菌。

日夜相代乎前，而莫知其所萌。已乎，已乎！旦暮得此，其所由以生乎！

非彼无我，非我无所取。是亦近矣，而不知其所为使。若有真宰，而特不得其眹（zhèn）。可行已信，而不见其形，有情而无形。百骸、九窍、六藏（zàng）、赅（gāi）而存焉，吾谁与为亲？汝皆说（yuè）之乎？其有私焉？如是皆有为臣妾乎？其臣妾不足以相治乎？其递相为君臣乎？其有真君存焉？如求得其情与不得，无益损乎其真。一受其成形，不亡以待尽。与物相刃相靡

庄子选

(mó),其行尽如驰而莫之能止,不亦悲乎!终身役役而不见其成功,苶(nié)然疲役而不知其所归,可不哀邪!人谓之不死,奚益!其形化,其心与之然,可不谓大哀乎?人之生也,固若是芒乎?其我独芒,而人亦有不芒者乎?

夫随其成心而师之,谁独且无师乎?奚必知代而心自取者有之?愚者与(yù)有焉!未成乎心而有是非,是今日适越而昔至也。是以无有为有。无有为有,虽有神禹,且不能知,吾独且奈何哉！

夫言非吹也，言者有言。其所言者特未定也。果有言邪？其未尝有言邪？其以为异于鷇（kòu）音，亦有辩乎？其无辩乎？道恶乎隐而有真伪？言恶乎隐而有是非？道恶乎往而不存？言恶乎存而不可？道隐于小成，言隐于荣华。故有儒墨之是非，以是其所非而非其所是。欲是其所非而非其所是，则莫若以明。

物无非彼，物无非是。自彼则不见，自知则知之。故曰：彼出于是，是亦因彼。彼是方生之说也，虽然，方生方死，方死方生；方可方不可，方不可方可；因是因非，因非因是。是以圣人不由，而照之于天，亦因是也。是亦彼也，彼亦是也。彼亦一是非，此亦一是非，果且有彼是乎哉？果且无彼是乎哉？彼是莫得其偶，谓之道枢。枢始得其环中，以应无穷。是亦一无穷，非亦一无穷也。故曰莫若以明。

以指喻指之非指，不若以非指喻指之非指也；以马喻马之非马，不若以非马喻马之非马也。天地一指也，万物一

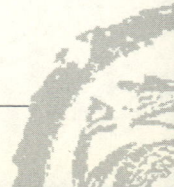

马也。

可乎可，不可乎不可。道行之而成，物谓之而然。恶乎然？然于然。恶乎不然？不然于不然。物固有所然，物固有所可。无物不然，无物不可。故为是举莛（tíng）与楹（yíng），厉与西施，恢恑（guǐ）憰（jué）怪，道通为一。其分也，成也；其成也，毁也。凡物无成与毁，复通为一。唯达者知通为一，为是不用而寓诸庸。庸也者，用也；用也者，通也；通也者，得也。适得而几矣。因是已，已而不知其然谓之道。劳神明为一而不知其同也，谓之"朝三"。何谓"朝三"？狙（jū）公赋芧（xù），曰："朝三而暮四。"众狙皆怒。曰："然则朝四而暮三。"众狙皆悦。名实未亏而喜怒为用，亦因是也。是以圣人和之以是非而休乎天钧，是之谓两行。

古之人，其知（zhì）有所至矣。恶乎至？有以为未始有物者，至矣，尽矣，不可以加矣。其次以为有物矣，而未始有封也。其次以为有封焉，而未始有是非也。是非之彰也，道之所以亏也。道之所以亏，爱之所以成。果且有成与亏乎哉？果且无成与亏乎哉？有成与亏，故昭氏之鼓琴也；无成与亏，故昭氏之不鼓琴也。昭文之鼓琴也，师旷之枝策也，惠子之据梧也，三子之知（zhì）几（jī）乎，皆其盛者也；故载之末年。唯其好之也，以异于彼，其好之也，欲以明之。彼非所明而明之，故以坚白之昧终。而其子又以文之纶（lún）终，终身无成。若是而可谓成乎？虽我亦成也；若是而不可谓成乎？物与我无成也。是故滑（gǔ）疑之耀，圣人之所图也。为是不用而寓诸庸，此之谓"以明"。

今且有言于此，不知其与是类乎？其与是不类乎？类与不类，相与为类，则与彼无以异矣。虽然，请尝言之：有始也者，有未始有始也者，有未始有夫未始有始也者；有有也者，有无也者，有未始有无也者，有未始有夫未始有无也者。俄而有无矣，而未知有无之果孰有孰无也。今我则已有谓矣，而未知吾所谓之其果有谓乎？其果无谓乎？

夫天下莫大于秋豪之末，而大

(tài)山为小；莫寿乎殇子，而彭祖为夭。天地与我并生，而万物与我为一。既已为一矣，且得有言乎？既已谓之一矣，且得无言乎？一与言为二，二与一为三。自此以往，巧历不能得，而况其凡乎！故自无适有以至于三，而况自有适有乎！无适焉，因是已！

夫道未始有封，言未始有常，为是而有畛（zhěn）也。请言其畛：有左，有右，有伦，有义，有分，有辩，有竞，有争，此之谓八德。六合之外，圣人存而不论；六合之内，圣人论而不议；春秋经世先王之志，圣人议而不辩。

故分也者，有不分也；辩也者，有不辩也。曰：何也？圣人怀之，众人辩之以相示也。故曰辩也者有不见也。夫大道不称，大辩不言，大仁不仁，大廉不嗛（qiān），大勇不忮（zhì）。道昭而不道，言辩而不及，仁常而不成，廉清而不信，勇忮而不成。五者无弃而几向方矣！故知止其所不知，至矣。孰知不言之辩，不道之道？若有能知，此之谓天府。注焉而不满，酌焉而不竭，而不知其所由来，此之谓葆光。

故昔者尧问于舜曰："我欲伐宗、脍（kuài）、胥（xū）敖，南面而不释然。其故何也？"舜曰："夫三子者，犹存乎蓬艾之间。若不释然，何哉！昔者十日并出，万物皆照，而况德之进乎日者乎！"

啮缺问乎王倪曰："子知物之所同是乎？"曰："吾恶乎知之！""子知子之所不知邪？"曰："吾恶乎知之！""然则物无知邪？"曰："吾恶乎知之！虽然，尝试言之：庸讵知吾所谓知之非不知邪？庸讵知吾所谓不知之非知邪？且吾尝试问乎女：民湿寝则腰疾偏死，鳅（qiū）然乎哉？木处则惴栗（zhuì lì）恂（xún）惧，猨（yuán）猴然乎哉？三者孰知正处？民食刍豢（chú huàn），麋鹿食荐（jiàn），蝍蛆（jí jū）甘带，鸱（chī）鸦耆（shì）鼠，四者孰知正味？猨猵（biān）狙（jū）以为雌，麋与鹿交，鳅（qiū）与鱼游。毛嫱丽姬，人之所美也；鱼见之深入，鸟见之高飞，麋鹿见之决骤，四者孰知天下之正色哉？自我观之，仁义之端，是非之涂，樊然淆（xiáo）乱，吾恶能知其辩！"啮缺曰："子不知利害，则至人固不知利害乎？"王倪曰："至人神矣！大泽焚而不能热，河汉冱（hù）而不能寒，疾雷破山飘风振海而不能惊。若然者，乘云气，骑日月，而游乎四海之外，死生无变于己，而况利害之端乎！"

瞿（qú）鹊子问乎长梧子曰："吾闻诸夫子：圣人不从事于务，不就利，不违害，不喜求，不缘道，无谓有谓，有谓无谓，而游乎尘垢之外。夫子以为孟浪之言，而我以为妙道之行也。吾子以为奚若？"

长梧子曰："是黄帝之所听荧也，而丘也何足以知之！且女亦大早计，见卵而求时夜，见弹(dàn)而求鸮(xiāo)炙。予尝为女妄言之，女以妄听之。奚旁(bàng)日月，挟宇宙，为其吻合，置其滑(gǔ)涽(hūn)，以隶相尊？众人役役，圣人愚芚(chūn)，参万岁而一成纯。万物尽然，而以是相蕴。予恶乎知说(yuè)生之非惑邪！予恶乎知恶死之非弱丧而不知归者邪！

丽之姬，艾封人之子也。晋国之始得之也，涕泣沾襟。及其至于王所，与王同筐床，食刍豢，而后悔其泣也。予恶乎知夫死者不悔其始之蕲（qí）生乎？梦饮酒者，旦而哭泣；梦哭泣者，旦而田猎。方其梦也，不知其梦也。梦之中又占其梦焉，觉而后知其梦也。且有大觉而后知此其大梦也，而愚者自以为觉，窃窃然知之。君乎！牧乎！固哉！丘也与女（rǔ）皆梦也，予谓女梦，亦梦也。是其言也，其名为吊诡。万世之后而一遇大圣知其解者，是旦暮遇之也。

　　既使我与若辩矣，若胜我，我不若胜，若果是也？我果非也邪？我胜若，若不吾胜，我果是也？而果非也邪？其或是也？其或非也邪？其俱是也？其俱非也邪？我与若不能相知也。则人固受其黮闇（dàn àn），吾谁使正之？使同乎若者正之，既与若同矣，恶（wū）能正之？使同乎我者正之，既同乎我矣，恶能正之？使异乎我与若者正之，既异乎我与若矣，恶能正之？使同乎我与若者正之，既同乎我与若矣，恶能正之？然则我与若与人俱不能相知也，而待彼也邪？"

何谓和之以天倪？曰：是不是，然不然。是若果是也，则是之异乎不是也亦无辩；然若果然也，则然之异乎不然也亦无辩。化声之相待，若其不相待。和之以天倪（ní），因之以曼衍，所以穷年也。忘年忘义，振于无竟，故寓诸无竟。

罔（wǎng）两问景（yǐng）曰："曩（nǎng）子行，今子止；曩子坐，今子起。何其无特操与？"景曰："吾有待而然者邪？吾所待又有待而然者邪？吾待蛇蚹蜩（fù tiáo）翼邪？恶（wū）识所以然！恶识所以不然！"

昔者庄周梦为胡蝶，栩栩然胡蝶也。自喻适志与！不知周也。俄然觉，则蘧蘧（jù）然周也。不知周之梦为胡蝶与？胡蝶之梦为周与？周与胡蝶，则必有分矣。此之谓物化。

养 生 主

吾生也有涯，而知也无涯。以有涯随无涯，殆已！已而为知者，殆而已矣！为善无近名，为恶无近刑，缘督以为经，可以保身，可以全生，可以养亲，可以尽年。

庖丁为文惠君解牛，手之所触，肩之所倚，足之所履，膝之所踦(yǐ)，砉(huā)然响然，奏刀騞(huō)然，莫不中音，合于桑林之舞，乃中经首之会。

文惠君曰："嘻，善哉！技盖至此乎？"庖丁释刀对曰："臣之所好者道也，进乎技矣。始臣之解牛之时，所见无非全牛者；三年之后，未尝见全牛也；方今之时，臣以神遇而不以目视，官知止而神欲行。依乎天理，批大郤（xì），导大窾（kuǎn），因其固然。技经肯綮（qìng）之未尝，而况大軱（gū）乎！良庖岁更刀，割也；族庖月更刀，折也；今臣之刀十九年矣，所解数千牛矣，而刀刃若新发于硎（xíng）。彼节者有间，而刀刃者无厚，以无厚入有间，恢恢乎其于游刃必有余地矣。是以十九年而刀刃若新发于硎。虽然，每至于族，吾见其难为，怵（chù）然为戒，视为止，行为迟，动刀甚微，謋（huò）然已解，如土委地。提刀而立，为之而四顾，为之踌躇（chóu chú）满志，善刀而藏之。"文惠君曰："善哉！吾闻庖丁之言，得养生焉。"

公文轩见右师而惊曰："是何人也？恶乎介也？天与？其人与？"曰："天也，非人也。天之生是使独也，人之貌有与也。以是知其天也，非人也。"

泽雉十步一啄，百步一饮，不蕲（qí）畜乎樊中。神虽王（wàng），不善也。

老聃死，秦失（yì）吊之，三号而出。弟子曰："非夫子之友邪？"曰："然。""然则吊焉若此可乎？"曰："然。始也吾以为其人也，而今非也。向吾入而吊焉，有老者哭之，如哭其子；少者哭之，如哭其母。彼其所以会之，必有不蕲言而言，不蕲哭而哭者。是遁天倍情，忘其所受，古者谓之遁（dùn）天之刑。适来，夫子时也；适去，夫子顺也。安时而处顺，哀乐不能入也，古者谓是帝之县（xuán）解。"

指穷于为薪，火传也，不知其尽也。

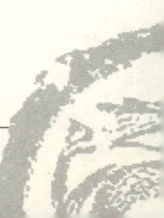

人间世

颜回见仲尼，请行。曰："奚之？"曰："将之卫。"曰："奚为焉？"曰："回闻卫君，其年壮，其行独。轻用其国而不见其过。轻用民死，死者以国量乎泽若蕉，民其无如矣！回尝闻之夫子曰：'治国去之，乱国就之。医门多疾。'愿以所闻思其则，庶几其国有瘳（chōu）乎！"

仲尼曰："嘻，若殆往而刑耳！夫道不欲杂，杂则多，多则扰，扰则忧，忧而不救。古之至人，先存诸己而后存诸人。所存于己者未定，何暇至于暴人之所行！且若亦知夫德之所荡而知（zhì）之所为出乎哉？德荡乎名，知（zhì）出乎争。名也者，相札（yà）也；知（zhì）也者，争之器也。二者凶器，非所以尽行也。

且德厚信矼（qiāng），未达人气；名闻不争，未达人心。而强以仁义绳墨之言术暴人之前者，是以人恶有其美也，命之曰菑（zāi）人。菑人者，人必反菑之。若殆为人菑夫。

且苟为人悦贤而恶（wù）不肖，恶（wū）用而求有以异？若唯无诏，

王公必将乘人而斗其捷。而目将荧之，而色将平之，口将营之，容将形之，心且成之。是以火救火，以水救水，名之曰益多。顺始无穷，若殆以不信厚言，必死于暴人之前矣！

且昔者桀杀关龙逢（páng），纣杀王子比干，是皆修其身以下伛拊（yǔ fǔ）人之民，以下拂（fú）其上者也，故其君因其修以挤之。是好名者也。

昔者尧攻丛枝、胥敖，禹攻有扈。国为虚厉，身为刑戮（lù）。其用兵不止，其求实无已，是皆求名实者也，而独不闻之乎？名实者，圣人之所不能胜也，而况若乎！虽然，若必有以也，尝以语我来。"

颜回曰："端而虚，勉而一，则可乎？"曰："恶！恶可！夫以阳为充孔扬，采色不定，常人之所不违，因案人之所感，以求容与其心，名之曰日渐之德不成，而况大德乎！将执而不化，外合而内不訾（zī），其庸讵（jù）可乎！"

"然则我内直而外曲，成而上比。内直者，与天为徒。与天为徒者，知天子之与己，皆天之所子，而独以己言蕲（qí）乎而人善之，蕲乎而人不善之邪？若然者，人谓之童子，是之谓与天为徒。外曲者，与人之为徒也。擎跽（qíng jì）曲拳，人臣之礼也。人皆为之，吾敢不为邪？为人之所为者，人亦无疵（cī）焉，是之谓与人为徒。成而上比者，与古为徒。其言虽教，谪（zhé）之实也，古之有也，非吾有也。若然者，虽直而不病，是之谓与古为徒。若是则可乎？"仲尼曰："恶（wū）！恶可！大（tài）多政，法而不谍（dié）。虽固，亦无罪。虽然，止是耳矣，夫胡可以及化！犹师心者也。"

颜回曰："吾无以进矣，敢问其方。"仲尼曰："斋，吾将语若。有心而为之，其易邪？易之者，皞（hào）天不宜。"颜回曰："回之家贫，唯不饮酒不茹荤者数月矣。如此则可以为斋乎？"曰："是祭祀之斋，非心斋也。"回曰："敢问心斋。"仲尼曰："若一志，无听之以耳而听之以心；无听之以心而听之以气。听止于耳，心止于符。气也者，虚而待物者也。唯道集虚。虚者，心斋也。"

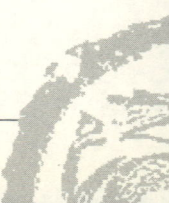

颜回曰："回之未始得使，实自回也；得使之也，未始有回也，可谓虚乎？"夫子曰："尽矣！吾语若！若能入游其樊而无感其名，入则鸣，不入则止。无门无毒（dú），一宅而寓于不得已，则几矣。绝迹易，无行地难。为人使易以伪，为天使难以伪。闻以有翼飞者矣，未闻以无翼飞者也；闻以有知知者矣，未闻以无知知者也。瞻彼阕（què）者，虚室生白，吉祥止止。夫且不止，是之谓坐驰。夫徇耳目内通而外于心知，鬼神将来舍，而况人乎！是万物之化也，禹、舜之所纽也，伏戏（xī）、几蘧（qú）之所行终，而况散焉者乎！"

叶公子高将使于齐，问于仲尼曰："王使诸梁也甚重。齐之待使者，盖将甚敬而不急。匹夫犹未可动也，而况诸侯乎！吾甚慄（lì）之。子常语诸梁也曰：'凡事若小若大，寡不道以欢成。事若不成，则必有人道之患；事若成，则必有阴阳之患。若成若不成而后无患者，唯有德者能之。'吾食也执粗而不臧（zāng），爨（cuàn）无欲清之人。

今吾朝受命而夕饮冰，我其内热与！吾未至乎事之情而既有阴阳之患矣！事若不成，必有人道之患，是两也。为人臣者不足以任之，子其有以语我来！"

仲尼曰："天下有大戒二：其一命也，其一义也。子之爱亲，命也，不可解于心；臣之事君，义也，无适而非君也，无所逃于天地之间。是之谓大戒。是以夫事其亲者，不择地而安之，孝之至也；夫事其君者，不择事而安之，忠之盛也；自事其心者，哀乐不易施(yí)乎前，知其不可奈何而安之若命，德之至也。为人臣子者，固有所不得已。行事之情而忘其身，何暇至于悦生而恶死！夫子其行可矣！

丘请复以所闻：凡交近则必相靡（mí）以信，远则必忠之以言。言必或传之。夫传两喜两怒之言，天下之难者也。夫两喜必多溢美之言，两怒必多溢恶之言。凡溢之类妄，妄则其信之也莫，莫则传言者殃。故法言曰：'传其常情，无传其溢言，则几乎全。'

且以巧斗力者，始乎阳，常卒乎阴，泰至则多奇巧；以礼饮酒者，始乎治，常卒乎乱，泰至则多奇乐。凡事亦然，始乎谅，常卒乎鄙；其作始也简，其将毕也必巨。言者，风波也；行者，实丧也。夫风波易以动，实丧易以危。故忿设无由，巧言偏辞。兽死不择音，气息茀（bó）然，于是并生心厉，剋（kè）核太至。则必有不肖之心应之而不知其然也。苟为不知其然也，孰知其所终！故法言曰：'无迁令，无劝成。过度益也。'迁令，劝成，殆事。美成在久，恶成不及改，可不慎与！且夫乘物以游心，托不得已以养中，至矣。何作为报也！莫若为致命，此其难者？"

颜阖将傅卫灵公大（tài）子，而问于蘧（qú）伯玉曰："有人于此，其德天杀。与之为无方，则危吾国，与之为有方，则危吾身。其知适足以知人之过，而不知其所以过。若然者，吾奈之何？"蘧伯玉曰："善哉问乎！戒之，慎之，正女（rǔ）身哉！形莫若就，心莫若和。虽然，之二者有患。就不欲入，和不欲出。形就而入，且为颠为灭，为崩为蹶（jué）；心和而出，且为声为名，为妖为孽。彼且为婴儿，亦与之为婴儿；彼且为无町畦（tǐng qí），亦与之为无町畦；彼且为无崖，亦与之为无崖；达之，入于无疵（cī）。汝不知夫螳螂乎？怒其臂以当车辙，不知其不胜任也，是其才之美者也。戒之，慎之，积伐而美者以犯之，几矣！汝不知夫养虎者乎？不敢以生物与之，为其杀之之怒也；不敢以全物与之，为其决之之怒也。时其饥饱，达其怒心。虎之与人异类而媚养己者，顺也；故其杀者，逆也。夫爱马者，以筐盛矢，以蜄（shèn）盛溺（niào）。适有蚊虻

（méng）仆缘，而拊（fǔ）之不时，则缺衔毁首碎胸。意有所至而爱有所亡。可不慎邪？"

匠石之齐，至于曲辕，见栎（lì）社树。其大蔽数千牛，絜（xié）之百围，其高临山十仞而后有枝，其可以舟者旁十数。观者如市，匠伯不顾，遂行不辍。弟子厌观之，走及匠石，曰："自吾执斧斤以随夫子，未尝见材如此其美也。先生不肯视，行不辍，何邪？"曰："已矣，勿言之矣！散木也。以为舟则沉，以为棺椁（guǒ）则速腐，以为器则速毁，以为门户则液樠（mán），以为柱则蠹（dù），是不材之木也。无所可用，故能若是之寿。"

匠石归，栎社见梦曰："女将恶乎比予哉？若将比予于文木邪？夫柤（zhā）梨橘柚果蓏（luǒ）之属，实熟则剥，剥则辱。大枝折，小枝泄（yè）。此以其能苦其生者也。故不终其天年而中道夭，自掊（pǒu）击于世俗者也。物莫不若是。且予求无所可用久矣！几死，乃今得之，为予大用。使予也而有用，且得有此大也邪？且也若与予也皆物也，奈何哉其相物也？而几死之散人，又恶知散木!"匠石觉而诊其梦。弟子曰："趣取无用，则为社何邪?"曰："密！若无言！彼亦直寄焉！以为不知己者诟（gòu）厉也。不为社者，且几有翦（jiǎn）乎！且也彼其所保与众异，而以义喻之，不亦远乎!"

南伯子綦（qí）游乎商之丘，见大木焉有异：结驷（sì）千乘，隐将芘（bì）其所藾（lài）。子綦曰："此何木也哉！此必有异材夫!"仰而视其细枝，则拳曲而不可以为栋梁；俯而视其大根，则轴解而不可以为棺椁；咶（shì）其叶，则口烂而为伤；嗅之，则使人狂酲（chéng）三日而不已。子綦曰："此果不材之木也，以至于此其大也。嗟乎神人，以此不材！"

宋有荆氏者，宜楸（qiū）柏桑。其拱把而上者，求狙猴之杙（yì）斩之；三围四围，求高名之丽者斩之；七围八围，贵人富商之家求樿傍（shàn bàng）者斩之。故未终其天年而中道之夭于斧斤，此材之患也。故解之以牛之白颡（sǎng）者与豚之亢（kàng）

鼻者，与人有痔（zhì）病者不可以适河。此皆巫祝以知之矣，所以为不祥也。此乃神人之所以为大祥也。

支离疏者，颐隐于脐，肩高于顶，会撮（kuò cuō）指天，五管在上，两髀（bì）为胁。挫（zuò）针治繲（xiè），足以糊（hú）口；鼓筴（cè）播精，足以食（sì）十人。上征武士，则支离攘（rǎng）臂于其间；上有大役，则支离以有常疾不受功；上与病者粟，则受三锺（zhōng）与十束薪。夫支离其形者，犹足以养其身，终其天年，又况支离其德者乎！

孔子适楚，楚狂接舆游其门曰："凤兮凤兮，何如德之衰也。来世不可待，往世不可追也。天下有道，圣人成焉；天下无道，圣人生焉。方今之时，仅免刑焉！福轻乎羽，莫之知载；祸重乎地，莫之知避。已乎已乎！临人以德。殆乎殆乎！画地而趋。迷阳迷阳，无伤吾行。吾行郤（xì）曲，无伤吾足。"

山木自寇也；膏（gāo）火自煎也。桂可食，故伐之；漆可用，故割之。人皆知有用之用，而莫知无用之用也。

德充符

鲁有兀（wù）者王骀（tái），从之游者与仲尼相若。常季问于仲尼曰："王骀，兀者也，从之游者与夫子中分鲁。立不教，坐不议。虚而往，实而归。固有不言之教，无形而心成者邪？是何人也？"仲尼曰："夫子，圣人也，丘也直后而未往耳！丘将以为师，而况不若丘者乎！奚假（jiǎ）鲁国，丘将引天下而与从之。"

常季曰："彼兀者也，而王（wàng）先生，其与庸亦远矣。若然者，其用心也独若之何？"仲尼曰："死生亦大矣，而不得与之变；虽天地覆坠，亦将不与之遗；审乎无假而不与物迁，命物之化而守其宗也。"

常季曰："何谓也?"仲尼曰："自其异者视之，肝胆楚越也；自其同者视之，万物皆一也。夫若然者，且不知耳目之所宜，而游心乎德之和。物视其所一而不见其所丧，视丧其足犹遗土也。"

常季曰："彼为己，以其知(zhì)得其心，以其心得其常心。物何为最之哉?"仲尼曰："人莫鉴于流水而鉴于止水。唯止能止众止。受命于地，唯松柏独也正,在冬夏青青;受命于天,唯尧、舜独也正,在万物之首。幸能正生,以正众生。夫保始之徵(zhēng),不惧之实,勇士一人,雄入于九军。将求名而能自要(yāo)者,而犹若是,而况官天地、府万物、直寓六骸(hái)、象耳目、一知(zhì)之所知(zhī),而心未尝死者乎!彼且择日而登假(xiá),人则从是也。彼且何肯以物为事乎!"

申徒嘉,兀者也,而与郑子产同师于伯昏无人。子产谓申徒嘉曰:"我先出则子止，子先出则我止。"其明日，又与合堂同席而坐。子产谓申徒嘉曰："我先出则子止，子先出则我止。今我将出，子可以止乎？其未邪？且子见执政而不违，子齐执政乎？"申徒嘉曰："先生之门，固有执政焉如此哉？子而说（yuè）子之执政而后人者也。闻之曰：'鉴明则尘垢不止，止则不明也。久与贤人处则无过。'今子之所取大者，先生也，而犹出言若是，不亦过乎！"

子产曰："子既若是矣，犹与尧争善。计子之德不足以自反邪？"申徒嘉曰："自状其过，以不当亡（wú）者众；不状其过，以不当存者寡。知不可奈何而安之若命，唯有德者能之。游于羿之彀（gòu）中。中央者，中（zhòng）地也；然而不中（zhòng）者，命也。人以其全足笑吾不全足者众矣，我怫（fú）然而怒，而适先生之所，则废然而反。不知先生之洗我以善邪？吾之自寐（mèi）邪？吾与夫子游十九年，而未尝知吾兀者也。今子与我游于形骸之内，而子索我于形骸之外，不亦过乎！"子产蹴（cù）然改容更貌曰："子无乃称！"

鲁有兀者叔山无趾，踵（zhǒng）见仲尼。仲尼曰："子不谨，前既犯患若是矣。虽今来，何及矣！"无趾曰："吾唯不知务而轻用吾身，吾是以亡足。今吾来也，犹有尊足者存，吾是以务全之也。夫天无不覆，地无不载，吾以夫子为天地，安知夫子之犹若是也！"孔子曰："丘则陋矣！夫子胡不入乎？请讲以所闻。"无趾出。孔子曰："弟子勉之！夫无趾，兀者也，犹务学以复补前行之恶，而况全德之人乎！"

无趾语老聃曰:"孔丘之于至人,其未邪?彼何宾宾以学子为?彼且蕲(qí)以諔(chù)诡幻怪之名闻,不知至人之以是为己桎梏(zhì gù)邪?"老聃曰:"胡不直使彼以死生为一条,以可不可为一贯者,解其桎梏,其可乎?"无趾曰:"天刑之,安可解!"

鲁哀公问于仲尼曰:"卫有恶人焉,曰哀骀它(tái tuó)。丈夫与之处者,思而不能去也;妇人见之,请于父母曰'与为人妻宁为夫子妾'者,十数而未止也。未尝有闻其唱者也,常和(hè)

人而已矣。无君人之位以济乎人之死，无聚禄以望人之腹，又以恶骇天下，和而不唱，知不出乎四域，且而雌雄合乎前，是必有异乎人者也。寡人召而观之，果以恶骇天下。与寡人处，不至以月数，而寡人有意乎其为人也；不至乎期（jī）年，而寡人信之。国无宰，而寡人传国焉。闷然而后应，氾（fàn）然而若辞。寡人丑乎，卒授之国。无几何也，去寡人而行。寡人恤焉若有亡也，若无与乐是国也。是何人者也？"

仲尼曰："丘也尝使于楚矣，适见

独（tún）子食于其死母者。少焉眴（shùn）若，皆弃之而走。不见己焉尔，不得类焉尔。所爱其母者，非爱其形也，爱使其形者也。战而死者，其人之葬也不以翣（shà）资；刖（yuè）者之屦（jù），无为爱之。皆无其本矣。为天子之诸御：不爪翦（jiǎn），不穿耳；取妻者止于外，不得复使。形全犹足以为尔，而况全德之人乎！今哀骀它未言而信，无功而亲，使人授己国，唯恐其不受也，是必才全而德不形者也。"

哀公曰："何谓才全？"仲尼曰："死

生存亡、穷达贫富、贤与不肖毁誉、饥渴寒暑，是事之变、命之行也。日夜相代乎前，而知（zhì）不能规（kuī）乎其始者也。故不足以滑（gǔ）和，不可入于灵府。使之和豫，通而不失于兑（yuè）。使日夜无郤（xì），而与物为春，是接而生时于心者也。是之谓才全。""何谓德不形？"曰："平者，水停之盛也。其可以为法也，内保之而外不荡也。德者，成和之修也。德不形者，物不能离也。"

　　哀公异日以告闵子曰："始也吾以

南面而君天下，执民之纪而忧其死，吾自以为至通矣。今吾闻至人之言，恐吾无其实，轻用吾身而亡其国。吾与孔丘，非君臣也，德友而已矣！"

闉(yīn)跂(qí)支离无脤(chún)说(shuì)卫灵公，灵公说(yuè)之，而视全人：其脰(dòu)肩肩。瓮瓷(wèng àng)大瘿(yǐng)说齐桓公，桓公说之，而视全人：其脰肩肩。故德有所长而形有所忘。人不忘其所忘而忘其所不忘，此谓诚忘。

故圣人有所游，而知为孽(niè)，

庄子选

六六

约为胶，德为接，工为商。圣人不谋，恶用知？不斲（zhuó），恶用胶？无丧，恶用德？不货，恶用商？四者，天鬻（yù）也。天鬻者，天食也。既受食于天，又恶用人！

有人之形，无人之情。有人之形，故群于人；无人之情，故是非不得于身。眇（miǎo）乎小哉，所以属于人也；謷（ào）乎大哉，独成其天。

惠子谓庄子曰："人故无情乎？"庄子曰："然。"惠子曰："人而无情，何以谓之人？"庄子曰："道与之貌，天与之形，恶得不谓之人?"惠子曰:"既谓之人，恶得无情?"庄子曰:"是非吾所谓情也。吾所谓无情者，言人之不以好恶内伤其身，常因自然而不益生也。"惠子曰:"不益生，何以有其身?"庄子曰:"道与之貌，天与之形，无以好恶内伤其身。今子外乎子之神，劳乎子之精，倚树而吟，据槁(gǎo)梧而瞑(mián)。天选子之形，子以坚白鸣。"

大宗师

　　知天之所为，知人之所为者，至矣！知天之所为者，天而生也；知人之所为者，以其知之所知以养其知之所不知，终其天年而不中道夭者，是知之盛也。虽然，有患：夫知有所待而后当，其所待者特未定也。庸讵（jù）知吾所谓天之非人乎？所谓人之非天乎？

　　且有真人而后有真知。何谓真人？古之真人，不逆寡，不雄成，不谟（móu）士。若然者，过而弗悔，当而不自得也。若然者，登高不栗（lì），入水不濡（rú），入火不热，是知之能登假于道者也若此。

古之真人，其寝不梦，其觉无忧，其食不甘，其息深深。真人之息以踵（zhǒng），众人之息以喉。屈服者，其嗌（ài）言若哇。其耆（shì）欲深者，其天机浅。

古之真人，不知说（yuè）生，不知恶（wù）死。其出不䜣（xīn），其入不距。翛（xiāo）然而往，翛然而来而已矣。不忘其所始，不求其所终。受而喜之，忘而复之。是之谓不以心捐（sǔn）道，不以人助天，是之谓真人。若然者，其心志，其容寂，其颡（sǎng）頯（kuí）。凄然似秋，煖（nuǎn）然似春，喜怒通四时，与物有宜而莫知其极。故圣人之用兵也，亡国而不失人心。利泽施乎万世，不为爱人。故乐通物，非圣人也；有亲，非仁也；天时，非贤也；利害不通，非君子也；行名失己，非士也；亡身不真，非役人也。若狐不偕、务光、伯夷、叔齐、箕子、胥（xū）馀、纪（jǐ）他（tuō）、申徒狄，是役人之役，适人之适，而不自适其适者也。

古之真人，其状义（é）而不朋（bēng），若不足而不承；与乎其觚（gū）而不坚也，张乎其虚而不华也；邴邴（bǐng）乎其似喜也，崔乎其不得已也，滀（chù）乎进我色也，与乎止我德也，广乎其似世也，謷（ào）乎其未可制也，连乎其似好闭也，悗（mèn）乎忘其言也。以刑为体，以礼为翼，以知为时，以德为循。以刑为体者，绰乎其杀也；以礼为翼者，所以行于世也；以知为时者，不得已于事也；以德为循者，言其与有足者至于丘也，而人真以为勤行者也。故其好之也一，其弗好之也一。其一也一，其不一也一。其一与天为徒，其不一与人为徒，天与人不相胜也，是之谓真人。

死生，命也；其有夜旦之常，天也。人之有所不得与，皆物之情也。彼特以天为父，而身犹爱之，而况其卓乎！人特以有君为愈乎己，而身犹死之，而况其真乎！

泉涸（hé），鱼相与处于陆，相呴（xǔ）以湿，相濡（rú）以沫，不如相忘于江湖。与其誉尧而非桀（jié）也，不如两忘而化其道。夫大块载我以形，劳我以生，佚我以老，息我以死。故善吾生者，乃所以善吾死也。夫藏舟于壑，藏山于泽，谓之固矣！然而夜半有力者负之而走，昧者不知也。藏小大有宜，犹有所遯(dùn)。若夫藏天下于天下而不得所遯，是恒物之大情也。特犯人之形而犹喜之。若人之形者，万化而未始有极也，其为乐可胜计邪？故圣人将游于物之所不得遯而皆存。善妖善老，善始善终，人犹效之，应况万物之所系，而一化之所待乎！

夫道，有情有信，无为无形；可传而不可受，可得而不可见；自本自根，未有天地，自古以固存；神鬼神帝，生天生地；在太极之先而不为高，在六极之下而不为深，先天地生而不为久，长于上古而不为老。狶（xī）韦氏得之，以挈（qiè）天地；伏戏氏得之，以袭气母；维斗得之，终古不忒；日月得之，终古不息；勘坏得之，以袭昆仑；冯夷得之，以游大川；肩吾得之，以处大山；黄帝得之，以登云天；颛顼（zhuān xū）得之，以处玄宫；禺（yú）强得之，立乎北极；西王母得之，坐乎少广，莫知其始，莫知其终；彭祖得之，上及有虞(yú)，下及五伯；傅说(yuè)得之，以相武丁，奄(yǎn)有天下，乘东维、骑箕尾而比于列星。

南伯子葵问乎女偊(yǔ)曰："子之年长矣，而色若孺(rú)子，何也？"曰："吾闻道矣。"南伯子葵曰："道可得学邪？"曰："恶！恶可！子非其人也。夫卜(bǔ)梁倚有圣人之才而无圣人之道，我有圣人之道而无圣人之才。吾欲以教之，庶几其果为圣人乎？不然，以圣人之道告圣人之才，亦易矣。吾犹守而告之，参（sān）日而后能外天下；已外天下矣，吾又守之，七日而后能外物；已外物矣，吾又守之，九日而后能外生；已外生矣，而后能朝彻；朝彻而后能见独；见独而后能无古今；无古今而后能入于不死不生。杀生者不死，生生者不生。其为物，无不将也，无不迎也，无不毁也，无不成也。其名为撄（yīng）宁。撄宁也者，撄而后成者也。"

南伯子葵曰："子独恶乎闻之？"曰：

"闻诸副墨之子,副墨之子闻诸洛诵之孙,洛诵之孙闻之瞻(zhān)明,瞻明闻之聂许,聂许闻之需役,需役闻之於(wū)讴(ōu),于讴闻之玄冥,玄冥闻之参寥,参寥闻之疑始。"

子祀(sì)、子舆、子犁、子来四人相与语曰:"孰能以无为首,以生为脊,以死为尻(kāo);孰知死生存亡之一体者,吾与之友矣!"四人相视而笑,莫逆于心,遂相与为友。俄而子舆有病,子祀往问之。曰:"伟哉,夫造物者将以予为此拘拘也。"曲偻(lóu)发背，上有五管，颐隐于齐，肩高于顶，句赘（gōu zhuì）指天，阴阳之气有沴（lì），其心闲而无事，跰䠒（pián xiān）而鉴于井，曰："嗟乎！夫造物者又将以予为此拘拘也。"

子祀曰："女（rǔ）恶（wù）之乎？"曰："亡（wú），予何恶！浸假而化予之左臂以为鸡，予因以求时（sī）夜；浸假而化予之右臂以为弹（dàn），予因以求鸮炙（xiāo zhì）；浸假而化予之尻（kāo）以为轮，以神为马，予因以乘之，岂更驾哉！且夫得者，时也；失者，顺也。安时而处顺，哀乐不能入也，此古之所谓县（xuán）解也，而不能自解者，物有结之。且夫物不胜天久矣，吾又何恶焉！"

俄而子来有病，喘喘然将死。其妻子环而泣之。子犁往问之，曰："叱（chì）！避！无怛（dá）化！"倚其户与之语曰："伟哉造化！又将奚以汝为？将奚以汝适？以汝为鼠肝乎？以汝为虫臂乎？"子来曰："父母于子，东西南北，唯命之从。阴阳于人，不翅于父母。彼近吾死而我不听，我则悍矣，彼何罪焉？夫大块载我以形，劳我以生，佚我以老，息我以死。故善吾生者，乃所以善吾死也。今大冶铸金，金踊跃曰：'我且必为镆铘（mò yé）！'大冶必以为不祥之金。今一犯人之形而曰：'人耳人耳'，夫造化者必以为不祥之人。今一以天地为大炉，以造化为大冶，恶乎往而不可哉！"成然寐（mèi），蘧（jù）然觉。

子桑户、孟子反、子琴张三人相与友曰："孰能相与于无相与，相为于无相为？孰能登天游雾，挠挑无极，相忘以生，无所终穷？"三人相视而笑，莫逆于心，遂相与为友。

莫然有间而子桑户死，未葬。孔子闻之，使子贡往侍事焉。或编曲，或鼓琴，相和而歌曰："嗟来桑户乎！嗟来桑户乎！而已反其真，而我犹为人猗（yī）！"子贡趋而进曰："敢问临尸而歌，礼乎？"二人相视而笑曰："是恶知礼意！"子贡反，以告孔子曰："彼何人者邪？修行无有，而外其形骸，临尸而歌，颜色不变，无以命之。彼何人者邪？"孔子曰："彼，游方之外者也，而丘，游方之内者也。外内不相及，而丘使女往吊之，丘则陋矣！彼方且与造物者为人，而游乎天地之一气。彼以生为附赘（zhuì）县（xuán）疣（yóu），以死为决疣（huàn）溃痈（yōng）。夫若然者，又恶知死生先后之所在！假于异物，托于同体；忘其肝胆，遗其耳目；反复终始，不知端倪；芒然彷徨乎尘垢之外，逍遥乎无为之业。彼又恶能愦愦（kuì）然为世俗之礼，以观众人之耳目哉！"

子贡曰："然则夫子何方之依？"孔

子曰:"丘,天之戮(lù)民也。虽然,吾与汝共之。"子贡曰:"敢问其方?"孔子曰:"鱼相造乎水,人相造乎道。相造乎水者,穿池而养给;相造乎道者,无事而生定。故曰:鱼相忘乎江湖,人相忘乎道术。"子贡曰:"敢问畸人?"曰:"畸人者,畸于人而侔(móu)于天。故曰:天之小人,人之君子;人之君子,天之小人也。"

颜回问仲尼曰:"孟孙才,其母死,哭泣无涕,中心不戚,居丧不哀。无是三者,以善处丧盖鲁国,固有无其实而得其名者乎？回壹怪之。"仲尼曰："夫孟孙氏尽之矣，进于知矣，唯简之而不得，夫已有所简矣。孟孙氏不知所以生，不知所以死。不知就先，不知就后。若化为物，以待其所不知之化已乎。且方将化，恶知不化哉？方将不化，恶知已化哉？吾特与汝，其梦未始觉者邪！且彼有骇（hài）形而无损心，有旦宅而无情死。孟孙氏特觉，人哭亦哭，是自其所以乃。且也相与吾之耳矣，庸讵知吾所谓吾之乎？且汝梦为鸟而厉乎天，梦为鱼而没于渊。不识今之言者，其觉者乎？其梦者乎？造适不及笑，献笑不及排，安排而去化，乃入于寥（liáo）天一。"

意而子见许由，许由曰："尧何以资汝？"意而子曰："尧谓我：汝必躬服仁义而明言是非。"许由曰："而奚来为轵（zhǐ）？夫尧既已黥（qíng）汝以仁义，而劓（yì）汝以是非矣。汝将何以游夫遥荡恣睢（suī）转徙之涂乎？"

意而子曰："虽然，吾愿游于其藩。"许由曰："不然。夫盲者无以与乎眉目颜色之好，瞽者无以与乎青黄黼

（fǔ）黻（fú）之观。"意而子曰："夫无庄之失其美，据梁之失其力，黄帝之亡其知，皆在炉捶之间耳。庸讵知夫造物者之不息我黥而补我劓，使我乘成以随先生邪？"许由曰："噫！未可知也。我为汝言其大略：吾师乎！吾师乎！䪠（jī）万物而不为义，泽及万世而不为仁，长于上古而不为老，覆载天地、刻雕众形而不为巧。此所游已！"

颜回曰："回益矣。"仲尼曰："何谓也？"曰："回忘仁义矣。"曰："可矣，犹未也。"他日复见，曰："回益矣。"曰：

"何谓也?"曰:"回忘礼乐矣!"曰:"可矣,犹未也。"他日复见,曰:"回益矣!"曰:"何谓也?"曰:"回坐忘矣。"仲尼蹴(cù)然曰:"何谓坐忘?"颜回曰:"堕(huī)肢体,黜(chù)聪明,离形去知,同于大通,此谓坐忘。"仲尼曰:"同则无好也,化则无常也。而果其贤乎!丘也请从而后也。"

　　子舆与子桑友。而霖(lín)雨十日,子舆曰:"子桑殆病矣!"裹饭而往食(sì)之。至子桑之门,则若歌若哭,鼓琴曰:"父邪!母邪!天乎!人乎!"

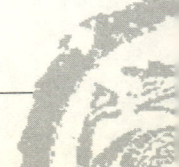

有不任其声而趋举（cù）其诗焉。子舆入，曰："子之歌诗，何故若是？"曰："吾思夫使我至此极者而弗得也。父母岂欲吾贫哉？天无私覆，地无私载，天地岂私贫我哉？求其为之者而不得也！然而至此极者，命也夫！"

应帝王

啮(niè)缺问于王倪,四问而四不知。啮缺因跃而大喜,行以告蒲衣子。蒲衣子曰:"而乃今知之乎?有虞氏不及泰氏。有虞氏,其犹藏仁以要(yāo)人,亦得人矣,而未始出于非人。泰氏其卧徐徐,其觉于于。一以己为马,一以己为牛。其知情信,其德甚真,而未始入于非人。"

肩吾见狂接舆。狂接舆曰:"日中始何以语(yù)女(rǔ)?"肩吾曰:"告我君人者以己出经式义(yí)度,人孰敢不听而化诸!"狂接舆曰:"是欺德也。

其于治天下也，犹涉海凿河而使蚊负山也。夫圣人之治也，治外乎？正而后行，确乎能其事者而已矣。且鸟高飞以避矰（zēng）弋（yì）之害，鼷（xī）鼠深穴乎神丘之下以避熏凿之患，而曾二虫之无知？"

天根游于殷阳，至蓼（liǎo）水之上，适遭无名人而问焉，曰："请问为天下。"无名人曰："去！汝鄙人也，何问之不豫也！予方将与造物者为人，厌则又乘夫莽眇之鸟，以出六极之外，而游无何有之乡，以处圹埌（kuàng làng）之野。汝又何帠（yì）以治天下感予之心为？"又复问，无名人曰："汝游心于淡，合气于漠，顺物自然而无容私焉，而天下治矣。"

阳子居见老聃，曰："有人于此，向（xiāng）疾强梁，物彻疏明，学道不倦，如是者，可比明王乎？"老聃曰："是于圣人也，胥（xū）易技系，劳形怵（chù）心者也。且也虎豹之文来田，猨（yuán）狙之便执嫠（lí）之狗来藉。如是者，可比明王乎？"阳子居蹴（cù）然曰："敢问明王之治。"老聃曰："明王之治，功盖天下而似不自己，化贷万物而民弗恃。有莫举名，使物自喜。立乎不测，而游于无有者也。"

郑有神巫曰季咸，知人之死生、存亡、祸福、寿夭，期以岁月旬日若神。郑人见之，皆弃而走。列子见之而心醉，归，以告壶子，曰："始吾以夫子之道为至矣，则又有至焉者矣。"壶子曰："吾与汝既其文，未既其实。而固得道与？众雌而无雄，而又奚卵焉！而以道与世亢（kàng），必信，夫故使人得而相（xiàng）汝。尝试与来，以予示之。"

明日，列子与之见壶子。出而谓列子曰："嘻！子之先生死矣！弗活矣！不以旬数矣！吾见怪焉，见湿灰焉。"列子入，泣涕沾襟以告壶子。壶子曰："乡吾示之以地文，萌乎不震不正，是殆见吾杜德机也。尝又与来。"明日，又与之见壶子。出而谓列子曰："幸矣！子之先生遇我也，有瘳（chōu）矣！全然有生矣！吾见其杜权矣！"列子入，以告壶子。壶子曰："乡（xiàng）吾示之以天壤，名实不入，而机发于踵

（zhǒng）。是殆见吾善者机也。尝又与来。"明日，又与之见壶子。出而谓列子曰："子之先生不齐，吾无得而相焉。试齐，且复相之。"列子入，以告壶子。壶子曰："吾乡示之以太冲莫胜，是殆见吾衡气机也。鲵（ní）桓之审为渊，止水之审为渊，流水之审（pán）为渊。渊有九名，此处三焉。尝又与来。"明日，又与之见壶子。立未定，自失而走。壶子曰："追之！"列子追之不及。反，以报壶子曰："已灭矣，已失矣，吾弗及已。"壶子曰："乡吾示之以未始出吾宗。吾与之虚而委（wēi）蛇（yí），不知其谁何，因以为弟靡（tuí mǐ），因以为波流，故逃也。"然后列子自以为未始学而归。三年不出，为其妻爨（cuàn），食（sì）豕（shǐ）如食人，于事无与亲。雕琢复朴，块然独以其形立。纷而封哉，一以是终。

无为名尸，无为谋府，无为事任，无为知主。体尽无穷，而游无朕。尽其所受乎天，而无见得，亦虚而已。至人之用心若镜，不将不迎，应而不藏，故能胜物而不伤。

南海之帝为儵(shū)，北海之帝为忽，中央之帝为浑沌(hún dùn)。儵与忽时相与遇于浑沌之地，浑沌待之甚善。儵与忽谋报浑沌之德，曰："人皆有七窍以视听食息，此独无有，尝试凿之。"日凿一窍，七日而浑沌死。

责任编辑：段海宝

图书在版编目（CIP）数据

庄子选 / 罗安宪 主编 . —北京：人民出版社，2017.7（2023.3 重印）
（中华传统经典诵读文本）
ISBN 978－7－01－017753－3

Ⅰ.①庄… Ⅱ.①罗… Ⅲ.①道家 Ⅳ.① B223.51

中国版本图书馆 CIP 数据核字（2017）第 127046 号

庄 子 选
ZHUANGZI XUAN

罗安宪　主编

人 み 出 版 社 出版发行
（100706　北京市东城区隆福寺街 99 号）

北京汇林印务有限公司印刷　新华书店经销

2017 年 7 月第 1 版　2023 年 3 月北京第 2 次印刷
开本：710 毫米 ×1000 毫米 1/16　印张：6.5
字数：21 千字　印数：20,001-24,000 册

ISBN 978－7－01－017753－3　定价：26.00 元

邮购地址 100706　北京市东城区隆福寺街 99 号
人民东方图书销售中心　电话：(010) 65250042　65289539

版权所有·侵权必究
凡购买本社图书，如有印制质量问题，我社负责调换。
服务电话：(010) 65250042